DU BARREAU

EN

ALGÉRIE

ÉTUDES LÉGISLATIVES ET JUDICIAIRES

SUR

L'ALGÉRIE

VIII

DU BARREAU

EN

ALGÉRIE

PAR

UN ALGÉRIEN PROGRESSISTE

Ancien Avocat près les Cours Impériales d'Aix et d'Alger

> — Tout beau, mon fils, dis je, tout beau
> pensez-vous que cecy puisse durer lon
> guement ?
> — Non, mon père, non !... Il est impossible que
> ces choses en puissent demeurer là !
>
> LOISEL. *Dialogue des advocats.*

ALGER

IMPRIMERIE ALGÉRIENNE DE DUBOS

Imprimeur de la Ville

1860

Peu de temps avant la suppression de l'ancienne Magistrature et de l'ancien Barreau , un obscur avocat du Parlement
d'Aix , disait à un célèbre conseiller au Parlement de Paris (1) que l'Ordre des Avocats était une association d'hommes *francs par caractère et indépendants par principe.*

Il parlait d'un Barreau régulièrement constitué , fortement organisé , fonctionnant *réellement* dans la plénitude
de ses prérogatives et de ses droits.

Tel est aujourd'hui le Barreau de la France !

Tel n'est pas encore celui de l'Algérie !

Mais, hâtons-nous de le proclamer, tel il peut et doit devenir !

Institution provisoire, œuvre de transition, le Défensorat
a fait son temps à Alger, sinon dans toute l'Algérie, et
l'heure ne tardera pas de sonner où la France africaine
pourra s'écrier avec le Cygne de Mantoue :

> . . . *Nec jàm defensoribus istis*
> *Tempus eget.....*

Les développements de la colonie, — les progrès de la

(1) D'Espréménil.

colonisation, — l'extension du territoire civil, — l'agrandissement et la multiplication des arrondissements judiciaires,—l'attribution à la justice française d'une partie de la justice musulmane, — l'assimilation toujours croissante de l'Algérie civile et judiciaire avec la France , — tout commande la substitution du Barreau français à ce qu'on a prématurément nommé le *Barreau algérien*.

Il faut à l'Algérie,—et tout d'abord à Alger, — un Barreau qui soit — et qui moralement, ne puisse pas ne pas être — un Barreau *essentiellement* franc, indépendant et digne.

Cette substitution est opportune, utile, et, pour plusieurs raisons , nécessaire.

Voilà notre triple thèse !

Pour l'établir, nous interrogerons le passé, le présent et l'avenir du droit de défense en Algérie.

Notre travail sera la reproduction sincère, entière, *indépendante* et *franche*, peut-être même *courageuse* de leur réponse.

Nous ne serons qu'un écho ! — mais un écho fidèle et consciencieux !

Si faible qu'il soit, puisse-t-il parvenir jusqu'aux oreilles de quiconque s'intéresse au *progrès* judiciaire, intellectuel et moral de notre pays !

Au surplus, comme dans ses humbles devancières, nous n'avons cherché que trois choses dans cette Etude :

Le Vrai sans passion ; — le Juste sans excès ; — l'Utile sans nul autre intérêt que l'intérêt public !

Le *Vrai*, le *Juste*, l'*Utile!*

Trois choses auxquelles nous *croyons* (1) de toute notre
âme — dont l'Algérie, aujourd'hui plus que jamais, res-
sent le besoin impérieux, — que, Dieu aidant, nous nous
efforcerons, — dans la suite de ces *Etudes législatives* et
judiciaires sur l'Algérie, — de rechercher, de démontrer et
même au besoin de défendre,— et qui, pour nous, se confondent en une seule :

Le Progrès,

Le Progrès, loi et condition de tout développement ma-
tériel, intellectuel et moral !

Le Progrès, droit et devoir de *tout homme venant en ce
monde !*

Le Progrès, imitation théorique et pratique de la perfec-
tion divine par l'imperfection humaine(2) !

Alger, le 3 août 1860.

J.-C.-F.

1) Credidi propter quod locutu um. Ps.
(2) Mathieu, v. 18.— Luc, vi, 10.

DU BARREAU

EN

ALGÉRIE

> Ego...
> Suarum rérum incertos... meâ ope...
> . . . certos, compotesque consili
> Dimitto.
>
> ENNIUS.

—◦◦◦—

Y a-t-il un Barreau en Algérie?

Oui et non !

Oui, si ,par Barreau vous entendez une réunion d'hommes privilégiés,—préposés par l'État à la défense des intérêts particuliers,— investis par lui, comme autant de *fonctionnaires* ou *officiers* ministériels, du droit *exclusif* d'*instruire* et de *plaider* devant la plupart des tribunaux français :

L'Algérie a des *défenseurs.*

Oui encore, si vous voulez parlez d'un certain nombre d'hommes revêtus d'un titre qui leur confère, sans privilége, le droit de se consacrer spontanément , librement, à l'examen, à la discussion et au soutien de tous les intérêts susceptibles d'être débattus devant l'Autorité judiciaire française,—*concurremment* avec des défenseurs qui, à ce droit, trop souvent apparent et illusoire, joignent un autre droit, d'autant plus réel et plus effectif, que presque toujours il entraîne avec lui le droit de plaider à leur exclusion,— le droit de procéder et d'instruire les affaires litigieuses :

L'Algérie a des *avocats*.

Non , nous regrettons vivement de le dire, mais notre conviction nous y contraint ; non, si, sous cette dénomination, vous comprenez un corps, un collége, un *ordre* de citoyens se consacrant, *uniquement* et *réellement*, à la haute et noble mission de patroner de leur parole ou de leur plume les prétentions de leurs clients,—sous la seule condition d'une capacité intellectuelle et morale dûment constatée, cherchant et pouvant trouver dans le libre accomplissement de cette mission—en même temps, que la considération, l'honneur et la gloire qui s'attachent à la profession d'avocat,— cette existence assurée, cette aisance, cette fortune, fruit ordinaire et légitime de labeurs intellectuels, toujours pénibles, souvent délicats, quelquefois même dangereux.

L'Algérie a des *avocats-défenseurs*.

Non, si vous ne décernez le titre d'avocat qu'à ces hommes qui, à l'instar de leurs confrères de France, jouissent, sinon de droit tout au moins de fait, de la faculté de porter la parole, préférablement à tous autres, sans excepter les *avoués* eux-mêmes, devant toutes les juridictions importées par la Métropole dans notre colonie.

Non, vous dis-je, non! — car, à la différence de la France et de ses colonies lointaines ,

L'Algérie a des *avoués-avocats*.

Quelle est donc, parmi nous, la position de tous ceux qui, décorés du diplôme de licencié ou de docteur en droit, et nantis du titre d'*avocat*, veulent et peuvent en exercer les droits, en remplir les devoirs, se montrer vraiment dignes de ce nom?

Il importe de l'examiner.

Mais pour être bien comprise, elle doit, avant tout, être étudiée dans l'histoire de la situation judiciaire de l'Algérie, considérée au point de vue de ces Auxiliaires nés de la Magistrature et de la Justice, qui, — sous des noms divers, ont été jusqu'à ce jour ou sont encore chargés de représenter devant elles les plaideurs algériens.

Ce n'est qu'après avoir interrogé son passé que nous pourrons contempler son présent, et, nous l'espérons, prévoir, et peut-être,— dans l'étroite mesure de nos forces,— préparer son avenir.

Avocat des avocats, nous plaidons une cause qui nous est chère à plus d'un titre. — Sorti de leurs rangs pour entrer dans ceux de la magistrature, nous avons appris ce qu'ils méritent d'estime et de sympathie. Magistrat, nous sommes tous les jours témoin de leurs travaux. — Algérien, dévoué à tous les progrès et surtout au progrès judiciaire de l'Algérie, nous croyons devoir demander pour eux une récompense non moins utile à leurs intérêts individuels que profitable à la chose publique :

L'institution d'un véritable Barreau en Algérie.

Qu'on ne s'en étonne pas? Il nous semble qu'entre eux et nous il existe encore des liens d'affinité, nous allions dire de parenté. C'est qu'en effet, tel que nous le concevons, le Barreau est, lui aussi, une magistrature,—d'autaht plus respectable qu'elle rend tout d'abord ses oracles dans un sanctuaire privé :

Perpetuus populi privato in limine prœtor.

Et, en effet, l'avocat n'est-il pas au mag strat *public* ce qu'est l'avocat consultant, ce magistrat *intime*, à l'avocat plaidant lui-même ?

Nous aurons à parler des défenseurs, avocats et avoués tout ensemble.— Nul plus que nous ne rend hommage à leurs incessants efforts pour répondre pleinement à la double mission qui leur est confiée.— Nous savons ce qu'ils valent tant par l'honorabilité de leur caractère que par l'élévation de leur talent. Combien parmi eux, nous le proclamons bien haut, qui mériteraient à tous égards, dans les premiers barreaux de France, la même place qu'à la barre algérienne ! Si donc, ce qu'à Dieu ne plaise, il nous arrivait, dans le cours de cette Etude, d'exposer ou même de laisser involontairement entendre des idées de nature à blesser, en quoi que ce soit, leur compagnie, — qu'ils ne nous en fassent pas *grief*. Nous défendrons les avocats, sans doute, mais ce ne sera pas en combattant les défenseurs !— Frères d'armes, loin de nous la pensée de briser les nœuds qui les unissent? — Nous voudrions au contraire les resserrer plus étroitement encore, si c'est possible, et les sceller, en quelque sorte, sur l'autel de la justice et de la liberté.

Nous ne répéterons pas ce qu'on trouve partout sur la nécessité, l'ancienneté, la noblesse,—ajoutons sans crainte, la sainteté et le sacerdoce de la profession d'avocat. Après des écrivains aussi érudits que les La Roche-Flavin, aussi savants que les Loisel, aussi éloquents que les d'Aguesseau, aussi complets que les Fournel et les Boucher d'Argis, aussi profonds que les Camus, les Dupin et les Mollot, c'est à peine si, humble novice dans l'art si dificile de l'Histoire judiciaire, nous pourrions glaner quelques rares épis négligemment tombés de leur habile main. Contentons-nous donc d'affirmer, en les résumant, que cette profession, appui indispensable de la Justice, exige, de quiconque l'embrasse, cette gravité de mœurs, cette dignité de conduite, cette délicatesse de caractère, cette élévation de sentiment, cette science du droit, et ce talent de bien dire, qui constituent tout à la fois l'homme vertueux et l'homme éloquent, le *vir bonus et dicendi peritus* de l'Orateur romain, — défendant son client tour à tour par l'éloquence de la vertu, et par la vertu de l'éloquence.

S'il en est ainsi, et nous défions l'esprit le plus hostile au barreau de nier que ce soit là, sans exagération, le portrait idéal et réel de l'Avocat français en général, on comprendra sans peine toute l'importance de cette faible esquisse.

Les citoyens, disait un Empereur romain (1), qui se dévouent à la discussion et à l'éclaircissement des affaires en litige, ne servent pas moins le *genre humain* par leur parole et par leur plume, que les soldats par leurs blessures et leur épée. — Ceux-ci défendent, de leur voix, les espérances, la liberté, la fortune, l'honneur, la vie de leurs clients; ceux-là, leur famille, leur sol, leur patrie ; *militant*. Les uns sont les soldats du du Droit, les autres, les soldats de la Force.

____

(1) Advocati qui dirimunt ambigua fata causarum .. non minùs provident *humano generi* quàm si præliis et vulneribus patriam salvarent. *Militant* namque causarum *patroni* gloriosœ vocis munimine. Cod. De div. adj. ord.

Or, nous croyons que l'Algérie,—pays de création récente, où les divers éléments de civilisation sont encore dans un état de fermentation, d'imperfection et d'anomalie, qui nécessite plus qu'ailleurs, l'intervention du droit, du progrès et de la règle,— ouvre aux avocats un vaste champ d'activité, et leur offre des occasions nombreuses, trop nombreuses peut-être, de livrer de glorieux *combats* en faveur de la Justice, cette grande chose. base fondamentale de toute société civilisée.

Mais, par une singularité qui n'a échappé à personne, —depuis 1834, c'est-à-diredepuis une époque où, comme on l'a dit avec raison, tout, dans l'administration et l'organisation judiciaire en Algérie(1), a marché vers l'assimilation avec la France,—et où, à peu de chose près, les prétoires de la colonie, tant par le nombre que par la nature et l'importance des affaires rivalisent avec les prétoires de la Métropole,—depuis 1834, le barreau dont « la vie et l'honneur dépendent essentiellement de son assimilation avec le barreau français, » est resté, sous beaucoup de rapports, ce qu'il était à cette époque,— un barreau embryonnaire plutôt qu'un barreau vivant et adulte.— Plus d'un bon esprit s'est justement ému de cet état de choses ; et c'est ainsi qu'une plume bienveillante et sympathique a cru devoir, il y a quelques jours à peine (2), provoquer notre attention sur ce qu'elle appelle la *réorganisation* du Barreau algérien.

Nous tenterons de répondre à sa *provocation*, et pour cela, nous dirons tout d'abord ce qu'a été notre barreau

(1) M⁰ Robe, — AKHBAR du 10 mai 1860, — à la fin de sa trop indulgente critique de nos *Agréés en Algérie.*

(2) Ibidem.

depuis la Conquête ; nous examinerons ensuite les lois qui le régissent aujourd'hui, — et enfin nous rechercherons les *remèdes* qu'il faut leur appliquer, les améliorations et les progrès dont il est susceptible.

I.

Réorganisation du Barreau algérien !

Nous n'aimons pas cette expression : on ne réorganise guère que ce qui est déjà organisé ; le mot *organisation* nous paraît donc plus juste.

Pour s'en convaincre, on n'a qu'à jeter un rapide coup-d'œil sur l'histoire de ce qu'on est convenu de nommer le *Barreau* de l'Algérie.

Cette histoire se divise en deux périodes distinctes : l'une qui impose des défenseurs aux parties ; — c'est en droit et en fait la période du monopole et de l'exception. — Elle s'étend de 1835 à 1848.

L'autre, qui laisse aux parties le libre choix de leurs défenseurs.— C'est, en droit et non en fait, le signal d'une ère de liberté et de droit commun.— Elle s'étend depuis 1848 jusqu'à nos jours.— Monopole et liberté ! — Privilége et droit commun, tels sont les termes extrêmes du problème que soulève le Barreau algérien.

Nous passerons sous silence les quatre premières années de notre conquête,— années de chaos judiciaire où la justice présentait, en Algérie, autant d'aspects divers qu'il y avait d'individus appartenant à des nationalités différentes.—Alors, pas de tribunaux réguliers. Ici des Juges uniques ou des Consuls ; là des Cadis ; plus loin, des Rabbins ! Mais nulle part une organisation judiciaire proprement dite, une et générale.—Ne soyons donc pas surpris que le Barreau, cette institution aussi ancienne, il est vrai, que la justice, — la justice organisée et normale,—n'existât encore qu'à l'état latent et rudimentaire, et sous la forme transitoire d'agents d'affaires ou de mandataires, plus ou moins instruits, plus ou moins officieux, plus ou moins désintéressés.

Avant tout, il fallait instituer la Magistrature et la Justice, et tout le monde sait que cette double institution ne date pour ainsi dire que de l'Ordonnance du 10 avril 1834.

Or, il est à remarquer que cette ordonnance, complément et résultat de plusieurs essais d'organisation judiciaire où il n'était pas question de défenseurs, n'en dit rien elle-même. Mais ce silence s'explique tout naturellement par son art. 48,— section *de la procédure* à suivre devant les tribunaux d'Algérie,— lequel dispose que la forme de procéder, en matière civile et commerciale, devant les tribunaux d'Afrique, est la même que celle suivie en France devant les tribunaux de commerce.

Est-ce à dire qu'auprès des tribunanx d'Algérie, il ne se trouvât pas dès lors des défenseurs de fait, des organes, en quelque sorte, avoués de la défense ! Non certes, et la preuve en est qu'un Arrêté du géneral en chef, du 5 novembre 1834, attribue, entr'autres droits, au Procureur géneral, celui d'*exécuter* directement la discipline contre tous les officiers ministériels, et spécialement contre les défenseurs et agréés. (1)

(1) Existait-il, dès cette époque des agréés en Algérie ? L'affirmation ne semble pas douteuse, en présence de ce texte. Quoi qu'il en soit, et à supposer qu'il n'en existât pas, le législateur en [parlait tout

Ne croyez pourtant pas que l'ordonnance parle d'un corps de défenseurs ou d'une compagnie d'agréés !— Pendant bien des années encore, — tout ce qui concerne les premiers sera régi par le fait plutôt que par le droit, et les seconds, moins heureux, ne sero.. pas de longtemps reconnus.

Arrive 1835 ! A la liberté illimitée du droit de défense, le législateur algérien, averti par l'expérience, sentira le besoin de substituer certaines restrictions et certaines limites ; il s'efforcera de sauvegarder contre ses excès et ses écarts l'initiative individuelle, et, persuadé qu'il importe à une colonie naissante, de vivre pendant un temps indéterminé, sous la tutelle et le régime d'un pouvoir modérateur, il soumettra à des conditions d'intérêt pnblic, les défenseurs d'intérêts purement privés.

Aussi, voyez ce qu'il décide !

Par arrêté du 27 janvier 1835 , il crée un certain nombre de défenseurs, exclusivement chargés de postuler et de plaider, — mais il les déclare révocables, comme de simples officiers ministériels.

En 1837, nouvel arrêté presque entièrement reproductif de celui que nous venons de mentionner.

De ces deux arrêtés, précurseurs de l'arrêté ministériel du 29 novembre 1841, inutile de parler autrement que pour mémoire ;—leurs principales dispositions étant passées dans le texte de ce dernier qui contient un Règlement général sur l'exercice de la profession de défenseur en Algérie.

Analysons-le brièvement.

au moins comme d'AUXILIAIRES de la justice, ayant leur mission d'être en Algérie.— Or, nous maintenons qu'aujourd'hui cette raison subsiste avec plus de force qu'en 1854. — V. notre *Etude sur les Agréés*, Bourgel, éditeur, 1860.

Son article 1er, le plus important de tous, porte que les défenseurs ont seuls qualité pour plaider et conclure devant la Cour royale et les tribunaux français de l'Algérie, pour faire et signer tous actes nécessaires à l'instruction des causes civiles et *commerciales*... et défendre tous accusés ou prévenus devant les tribunaux criminels ou correctionnels.

Voilà donc le principe ! Aux défenseurs seuls le droit *plénier*, absolu, exclusif, de plaider et de postuler, d'être avoués et avocats devant toutes les juridictions de l'Algérie, sans exception, hormis cependant la justice de paix.

Mais quoi? Des avocats au titre français, venant de France, ne pourront donc jamais porter la parole devant ces tribunaux ?

Aller jusque-là, c'eût été rompre en visière avec les plus élémentaires notions du droit de défense. On ne l'osa pas. Effrayé, ce semble, des conséquences de son principe, le législateur s'empressa d'en atténuer et d'en tempérer la rigueur ; en conséquence, il admit à plaider en toute matière, devant les tribunaux algériens, les avocats inscrits au tableau de leur ordre en France ; mais, notez bien ceci, à une condition : la délivrance préalable d'une autorisation *spéciale* du Ministre de la guerre, autorisation qui devait être mentionnée dans le jugement ou dans le procès-verbal de l'audience !

Ainsi, d'une part, le *droit*, de l'autre, la *faculté* de plaider, — ici, un droit privilégié, — absolu, — imposé; là, une faculté relative, — tolérée; — d'un côté, le double office de défenseur et d'avocat réuni dans les mains d'un seul et obligatoire pour tous; de l'autre côté, un droit trop souvent inerte, parce qu'il ne s'*impose* à personne. Telle est, en réalité, toute l'économie de cette Charte du *Barreau* algérien, si toutefois l'on peut se servir de ce mot.

Est-il nécessaire de démontrer que, sous son empire, l'avocat ne pourra être, en général, que l'inférieur, le subordonné, disons le mot, le *serf* du défenseur ?

Dans l'origine, tout homme déjà connu pour s'être exclusivement livré aux occupations de la barre, soit comme avocat, soit autrement, dut naturellement aspirer, et aspira, en effet, aux fonctions de défenseur. Dès lors, quiconque ne put pas obtenir ce titre, fut, par la force même des choses, obligé de déserter la lice judiciaire. Qui eût invoqué son ministère, tout officieux et volontaire, préférablement à celui des défenseurs, lequel n'avait ni l'un ni l'autre de ces caractères ?— Et, d'ailleurs, pourquoi recourir à un avocat et à un avoué, alors que, de par la loi, on rencontrait ce double personnage dans la personne unique du défenseur?

Mais quelle était la nature juridique de ce Janus judiciaire?— Avocat et avoué, pouvait-il se dédoubler à volonté, et revendiquer, suivant les cas, tous les droits de l'avocat et tous ceux de l'avoué?— ou bien, l'une de ces qualités l'emportait-elle toujours sur l'autre ? — Lisez attentivement notre arrêté, et chacun de ses articles vous dira que le défenseur,— être-mixte qui tient de la barre et du barreau, de l'avoué et de l'avocat,—n'est autre chose qu'un officier ministériel, soumis comme tel à un régime de surveillance, de discipline, et souvent d'obligations incompatibles avec la profession d'avocat?

En voulez-vous la preuve ?

Le défenseur ne peut plaider hors de son arrondissement, sans une autorisation préalable du parquet. Il est révocable. — On lui donne, il est vrai, une chambre de discipline ; mais les membres de cette chambre, au lieu d'être élus par leurs pairs, sont désignés par le Procureur-Général qui peut rappeler les défenseurs à l'ordre, les réprimander, les avertir, provoquer leur suspension et leur révocation.

Ici, faisons en passant une réflexion sur laquelle nous reviendrons plus tard, en parlant de l'influence des lois sur les mœurs, et réciproquement. Montesquieu a dit quelque part qne toujours et partout, les mœurs *déteignent* sur les lois et les lois sur les mœurs.—Nous dirions volontiers, nous, qu'il est difficile, peut-être même impossible, que l'avocat, dans la situation qui lui est faite en Algérie, ne *déteigne* pas un peu sur le défenseur, et, *vice versâ*, le défenseur sur l'avocat.—Ils déteindront l'un sur l'autre— moralement — parce que, dans le milieu où ils sont placés, milieu exceptionnel, anormal, pour la France; régulier et normal pour l'Algérie, ils seront tentés d'oublier une partie des traditions, des habitudes et des mœurs de la Métropole ; — disciplinairement, parce que les règles fondamentales de l'Ordre des avocats en France diffèrent essentiellement de celles du Barreau algérien, tel qu'il a été jusqu'à ce jour, — et qu'on pourrait, sous bien des rapports, en dire autant des défenseurs ; —administrativement, parce que, nommés par le Pouvoir et pouvant être révoqués par lui, il sera à craindre qu'ils n'aient ni la liberté, ni la franchise, ni la sécurité, ni avec elles et par elles, l'indépendance de l'avocat de France.

Mais voici une disposition où l'on voit l'avocat non seulement *déteindre* sur l'avoué, mais encore, si j'ose le dire, pénétré et absorbé par ce dernier.—Emule, sans le savoir, de l'art. 161 de l'ordonnance de Blois, l'art. 12 de notre arrêté, après avoir accordé des honoraires au défenseur et une action pour les réclamer, leur enjoint impérieusement et, sous peine de nullité de leurs préten- tions à cet égard, de dresser un état de frais, déposé en double au greffe, pour être taxé par le juge ; et l'art. 15 les astreint rigoureusement à donner au bas de cet état *quittance* à leurs parties, et cela, même en matière cor- rectionnelle ou commerciale.

O Loisel ! que n'aviez-vous alors, parmi les avocats de l'Algérie, un vengeur de la dignité et des traditions du barreau français, — un digne continuateur de votre immor- tel *Dialogue*(1)/ Sans doute, cet article insolite, inspiré par des circonstances devant lesquelles doit s'incliner le pu- bliciste, n'atteignait point les *advocats* proprement dits, mais bien les advocats-procureurs. Mais qu'importe ? Par cela seul qu'il ne s'adressait pas qu'aux seuls avoués, il n'en frappait pas moins, à travers le procureur, l'advocat lui-même.

Quoi qu'il en soit, il est une chose certaine et qui dé- coule, si j'ose le dire, de tous les pores du Règle- ment des défenseurs : c'est que son but a été de concen- trer, directement ou indirectement, entre les mains du Pouvoir, tout ce qui, de près ou de loin, se rapportait à la défense ; et l'on peut affirmer, sans crainte de se trom- per, que ce règlement n'a été que la continuation de la

(1) Pasquier, ou *Dialogue des Advocats au Parlement de Paris*, par par M. Ant. Loisel, reproduit dans la *Profession* d'avocat de M. le procureur-général Dupin. Loisel l'écrivit à l'occasion de la résolu- tion prise par le Parlement, de faire garder aux avocats l'art. 161 de l'ordonnance de Blois qui n'avait jamais été observé, savoir, «que les advocats et procureurs seront tenus d'escrire et parapher de leur main ce qu'ils auront reçu pour leur salaire. »

pensée, déjà si clairement exprimée dans tous les actes du Gouvernement relatifs à la magistrature algérienne.

Etait-ce un bien? était-ce un mal? En droit, nous n'en doutons pas, on doit répondre que c'était un mal; mais en fait, et c'est sur ce terrain que doit être posée la question, nous sommes forcé d'avouer que ce fut peut-être un bien. — A nos yeux, la *liberté* n'en est un qu'alors qu'elle ne peut dégénérer en licence, et là où ce danger existe', nous croyons que l'*autorité* doit l'emporter sur elle..

Avant d'aller plus loin, notons encore un article de notre arrêté qui révèle l'intention, de la part du Législateur algérien, de faire parmi nous, en matière judiciaire, certains essais régénérateurs, ou tout au moins réformateurs de la législation métropolitaine.

Il s'agit de l'art. 9 qui, édictant un droit nouveau en ce qui concerne l'office des défenseurs en Algérie, dispose que tout traité pour la cession ou la transmission du titre ou clientèle, à quelque époque qu'il apparaisse, et alors même qu'il n'aurait pas été suivi d'effet, entraînera la *révocation*, soit du défenseur encore en exercice, soit de son successeur, si la nomination avait suivi le traité.

Impossible d'interdire plus expressément et plus sévèrement toute vénalité, directe ou indirecte, de l'office du défenseur, — et c'est là peut-être une des raisons pour lesquelles on leur octroya le double privilége de la postulation et de la plaidoirie.

Les choses en étaient là, quand fut rendu l'arrêté ministériel du 26 mai 1845. On a vu plus haut que les défenseurs d'Alger avaient été concurremment et indistinctivement établis près les tribunaux de cette ville et la

Cour royale. Il importait, pour éviter toute confusion, et dans l'intérêt même d'une bonne administration de la justice, de diviser leurs attributions ;— et c'est pour cela que l'arrêté précité, tout en maintenant le *concours* de tous les défenseurs devant la Cour, attacha séparément et exclusivement quelques-uns d'entre eux au tribunal de première instance et quelques autres au tribunal de commerce.

Trois ans après, étendant le principe de division et modifiant profondément l'arrêté du 26 mai, le Gouverneur-Général, par décision du 17 juillet 1848, attacha huit défenseurs à la Cour, seize au tribunal de première instance, et plaça la défense devant le tribunal de commerce sous l'empire des art. 421 du Code de procédure civile et 627 du Code de commerce, en accordant à toute personne, munie d'un pouvoir à cet effet, le droit de défendre devant la juridiction consulaire.

Le 29 juillet suivant, toujours sous l'influence des idées républicaines, le législateur algérien rendit aux défenseurs près le tribunal civil et la Cour d'appel, le droit d'élire une chambre de discipline. — Nous disons *rendit*, car ce droit leur avait été accordé en 1837, pour leur être retiré par l'arrêté de 1841.

Jusqu'ici, nous n'avons rien ou presque rien dit des *avocats*, et ce n'est pas sans motif.— En présence de la situation que nous venons de décrire, et contrairement à ces belles paroles de Loisel : « Il y a place pour tous « au barreau (de France), » il n'y avait, pour ainsi dire, place pour personne au barreau de l'Algérie. — A la vérité , quelques avocats étaient venus de France, moins pour exercer en Algérie la profession d'avocat que pour y attendre une charge de défenseur, ou s'y tenir à l'affût d'une nomination judiciaire — Mais, outre qu'ils étaient en fort petit nombre, la force des choses voulait qu'ils se missent à la merci des défenseurs dont ils se faisaient les premiers clercs ou les attachés, nous allions dire, les très-humbles clients.

Or, qui d'entre eux, ayant déjà une clientèle en France, aurait quitté la Métropole, préalablement muni d'une autorisation du Ministre de la guerre, pour s'aventurer, sur le sol africain, à la recherche d'une nouvelle et presque impossible clientèle ! Quant aux autres, ils traversaient la mer, — tantôt pour y remplir un mandat temporaire, tantôt pour y suivre une affaire exigeant des soins particuliers et locaux, — quelquefois pour y plaider une cause spéciale, — rarement pour exercer permanemment leur profession. Pots d'argile, pourquoi eussent-ils essayé de lutter contre des pots d'airain ?

Un instant, il est vrai, et seulement à partir du 13 avril 1848, ils purent croire qu'une ère nouvelle, une ère de liberté et de droit commun, allait enfin s'ouvrir pour eux en Algérie. — Le général Cavaignac, alors Gouverneur-Général de la colonie, rompant en visière avec un passé monarchique et monopolisateur, voulut inaugurer, en faveur des avocats, un nouvel état de choses, et par des considérants non moins dignes d'un gouvernement que d'un gouverneur républicain, *arrêta* (1) d'urgence qu'il serait formé un tableau des avocats près

(1) Considérant que, d'après la législation générale de l'Algérie, les citoyens ne peuvent se faire défendre en justice que par des défenseurs nommés par le Gouvernement, lesquels réunissent le double privilége de la *postulation* et de la *plaidoirie* ; — Considérant qu'un tel état de choses est contraire aux droits et à la liberté de la défense.

la Cour d'appel d'Alger et les tribunaux de son ressort, et que la profession d'avocat en Algérie serait exercée au même titre, aux mêmes conditions, et soumise aux mêmes règles de discipline qu'en France.

Toutefois, dans une pensée de transition et de conciliation dont il faut lui savoir gré, il établit que, jusqu'à ce qu'il en fût autrement statué, les défenseurs actuellement en exercice continueraient, *concurremment* avec les avocats inscrits au tableau, de jouir du droit de plaider devant la Cour et les tribunaux, et qu'ils rempliraient, en outre, les fonctions d'avocat.

Mais de cette situation, comme on le voit, exceptionnelle, et née de circonstances anormales, est-il sorti, jusqu'à ce jour, un Barreau proprement dit, se suffisant à lui-même, entièrement placé en dehors de l'influence dominatrice du défensorat?

II.

Nous ne sommes pas de ceux qui croient que Dieu n'a donné la parole à l'homme que pour déguiser sa pensée. Loin de nous un pareil blasphème! Nous estimons, au contraire, que, sous peine de cesser d'être la fille d'une intelligence sociable et libre, la pensée doit revêtir sa forme la plus saisissable et la plus accessible, — une parole claire, nette, sans équivoque.

Dans notre travail sur l'*Enseignement du droit en Algérie*, nous avons avancé, et notre conviction à cet égard n'a rien perdu de sa force, que sous plus d'un rapport, on peut appeler les avocats algériens des Lazares de Pa-

lais, *forcés de* ramasser les miettes tombées, comme à regret, de la table splendide des défenseurs.

Nous répéterons avec non moins de conviction, et, croyons-nous, de vérité, qu'ils sont trop souvent, même à l'heure qu'il est, « des gens hybrides , tentés d'être » tout à la fois solliciteurs et patrons de clients , — resi-» gnés au rôle subalterne, et souvent inactif, d'avocats « soupirant après les fonctions de défenseur, — réduits « parfois à descendre, du moins en apparence, jusqu'au « métier d'agent d'affaires, — et perdant à *manipuler* « certaines affaires extra-judiciaires, le temps, l'intelli-« gence et presque toujours le talent que, membres d'un « barreau normal et digne du Barreau français, ils eus-« sent noblement et utilement consacré à la science du « droit et à la plaidoirie (1). »

Eh bien ! n'est-il pas certain en droit, et n'est-il pas démontré en fait par l'histoire de nos avocats depuis douze ans, que telle devait être, que telle a été, et que telle sera désormais, *mutatis mutandis*, leur position, tant qu'ils auront à lutter contre une concurrence nécessairement victorieuse?—En effet, s'il n'a la bonne aubaine de *s'inféoder* à un cabinet de défenseur,—l'avocat algérien , fût-il d'ailleurs doué d'un beau talent (nous en connaissons plus d'un à Alger et ailleurs), trouvera-t-il, dans l'exercice noble et indépendant de sa profession, le temps et l'occasion de se livrer à cette série d'études variées et multiples qui maintiennent, en l'élevant toujours, le niveau de l'intelligence, et cette pratique fréquente de l'art de la parole, si nécessaire à ceux qui en connaissent les émotions et les difficultés sans cesse renaissantes, et ont

(1) Pézé, éditeur.— Alger, 1860.— *De l'Enseignement du Droit en Algérie*, ou de la Création d'une Ecole de droit à Alger.

vu de près les périls qu'elle présente aux talents les plus expérimentés eux-mêmes ?

Mais, nous dira-t-on peut-être, quel mal voyez-vous donc dans le fait, par un avocat non encore *causé*, de s'attacher à une Etude de défenseur qui lui donnera ce qu'il désire le plus, — des causes à plaider?

Nous en voyons plusieurs.

En premier lieu, c'est qu'à moins qu'il ne soit notoire que notre avocat est avec son *patron* dans les mêmes relations qu'un fils avec son père,—ou un disciple avec son maître ,— certaines gens soupçonneront *malignement* qu'entre lui et le défenseur, il existe un traité secret, une sorte de pacte de *quotâ lite*, tout aussi inconvenant, peu digne , et conséquemment tout aussi prohibé par les usages et les traditions d'un vrai barreau, que le pacte connu sous ce nom , ou tout autre pacte de cette espèce.

Et puis, qui ne voit que, par cela seul que l'avocat se met au service , à la remorque, et, jusqu'à un certain point à la discrétion d'un défenseur, il s'abaisse, il se dégrade, il se *diminue* à ses propres yeux, aux yeux de ses clients et du public ; — il abdique devant le *défensorat!* — Dès lors, qu'il le sache ou l'ignore, il se condamne à vivre à l'ombre du défenseur ; — il devient son subordonné ; — il ne dépend plus que de lui ; — il ne plaide que *par sa grâce*, et souvent les causes qu'il aime le moins et pour lesquelles il se sent le moins de goût et le moins d'aptitude ; — il n'est plus le *dominus* de la plaidoirie ; — il ne plaide qu'au gré du défenseur, suivant son bon plaisir ; où, quand, et *comme* il le désire?

Il y a plus! L'avocat que l'opinion publique, en vertu

d'un préjugé qui n'est certes pas sans raison d'être, élève
au-dessus du simple avoué, perdra, à coup sûr, en considération ce qu'il pourra gagner en honoraires. — A tort,
je le veux bien, on le réputera le satellite de l'avoué ; on
dira qu'il se meut dans la même sphère, qu'il vit des mêmes inspirations, des mêmes tendances, des mêmes idées ;
qu'il est son homme-lige, un autre lui-même. — Mais
alors, que deviendra, dans la pensée du public, sa dignité et son indépendance?

L'indépendance! elle est l'âme de la profession d'avocat. — Qu'est-ce à dire ? J'entends par *indépendance* un
ensemble de conditions morales et pécuniaires qui per-
mettent à celui qui les remplit, de ne consulter que sa
conscience et son devoir, et qui font présumer que
dans l'exercice d'une profession qui exige, avant tout, de
la sincérité et du courage, il ne se proposera qu'une chose,
le triomphe de la vérité et de la justice, — de la vérité
telle qu'elle est, de la justice telle qu'elle doit être,— un
avocat indépendant, c'est celui qui trouve en lui-même,
dans son caractère, dans sa position, dans le constant
et consciencieux accomplissement de sa tâche, le principe, le moyen, la volonté et la force de dire ce qu'il
pense, de prouver ce qu'il dit, de sacrifier, s'il le faut,
son intérêt personnel à l'intérêt général, son profit in-
dividuel au profit de la chose publique !

Mais, sortons du domaine des abstractions, et péné-
trons dans celui des faits et de l'application ! Sous ce
nouvel aspect, qu'est-ce que l'indépendance de l'avoca',
en Algérie. — Nous marchons sur un terrain brûlant.

Incedo per ignes.....

Mais qu'importe ? Il nous siérait bien mal de ne pas

joindre ici l'exemple au précepte.—Donc encore une fois,
savez-vous ce qu'est cette indépendance ?—C'est cette ma-
nière d'être, de penser et d'agir, qui éloigne l'avocat de
toute profession, de toute spéculation, de toute affaire, de
tout *agissement* qui tendraient, même de loin, à le frapper,
à tort ou à raison, d'une de ces qualifications plus ou
moins mal sonnantes ou odieuses dans l'opinion publique, et passent pour être incompatibles avec l'idée d'un
véritable avocat.— Or, cette indépendance, ne la cher-
chez —ni dans l'homme qui s'attache spécialement à une
Etude,—ni dans celui qui va au-devant des causes,quand
les causes ne vont pas au-devant de lui, — ni dans celui
qui, s'il ne les recherche pas lui-même, les fait rechercher par autrui, —ni, à plus forte raison, dans celui qui
s'entremet lui-même, ou par intermédiaire, dans des affaires litigieuses, — ni même dans celui qui s'impose ou
s'emploie habituellement comme mandataire, *negotiorum
gestor*,syndic, administrateur, liquidateur, etc., — autant
de choses qui sentent l'homme ou l'agent d'affaires plutôt
que l'avocat,—le *métier* plutôt que la *profession*,—l'amour
du lucre plutôt que le culte du devoir,—l'homme au service
d'un autre homme, plutôt que l'homme qui n'est l'homme de personne parce qu'il est l'homme de tous ! —Le
premier est *salarié*, le second est *honoré*. — L'un ne
travaille que pour l'argent; l'autre, sans refuser la juste
rémunération d'un honorable travail, vise, avant tout, à
la consécration du droit de ses clients et à sa gloire.—
Ouvrier de pratique judiciaire, celui-ci, en faisant l'affaire d'autrui, cherche principalement à faire la sienne.
—Artiste du droit, celui-là se préoccupe surtout de l'intérêt de ses clients, parce qu'à ses yeux cet intérêt se
confond avec l'intérêt de la justice elle-même !

Et, qu'on le veuille bien remarquer, nous ne parlons pas ici de l'hypothèse où, entre parties égales, se discuterait une question de minime importance devant les magistrats d'un tribunal de première instance, ou bien encore devant la Cour! — Non! nous en convenons, — sur pareille supposition, — on ne saurait asseoir, si ce n'est dans de très-rares circonstances, un argument sérieux en faveur de notre thèse. — Nous avons donc en vue celles, plus nombreuses et plus fréquentes qu'on ne pense, où l'intérêt, quelquefois fort grave, d'un client pauvre, délaissé, n'ayant pour lui que le droit et la justice, serait aux prises avec les prétentions exorbitantes d'un adversaire riche, puissant, influent, redoutable, et ne pourrait triompher, dans cette lutte inégale, que par les accents sévères et courageux d'une parole indépendante et ferme.

Que l'Algérie ait donc des avocats indépendants!

L'indépendance est à l'avocat ce qu'est l'inamovibilité au juge. — Sans doute, l'avocat pourra être, sera même le plus souvent indépendant, quoiqu'il soit en même temps avoué. Mais il ne passera pas toujours pour tel aux yeux de l'opinion publique, et il en sera de lui comme du juge, lequel, si indépendant qu'il soit, sera on pourra être soupçonné de ne l'être pas, s'il n'est inamovible.

Souvenons-nous de la femme de César!

Voilà pour l'indépendance de l'avocat!

Parlons maintenant de sa dignité!

Les Romains, ces hommes d'un bon sens si profond dans les choses pratiques de la vie, rangeaient l'*Existimatio* parmi les principaux éléments de patrimoine moral. Mais qu'était-ce que l'*existimatio* ? C'était non seulement l'*estime* qui l'attache à tout homme probe et vertueux ; c'était encore cette considération ,— apanage naturel de tout citoyen autour de qui une conduite irréprochable, et une position sociale honorablement acquise, forment comme un arôme moral, et, pour ainsi dire, une auréole de gloire.—Pour eux, l'*Existimatio*, c'était ce que l'on est, ce qu'on paraît, ce qu'on est cru, — le témoignage d'une conscience honnête et l'hommage rendu au mérite et à la probité par l'opinion publique. Nous ne saurions mieux la comparer qu'à l'*honneur* de la France,—l'honneur, ce pur diamant qu'un rien ternit et dépare, et auquel tout fait tache, tout, même ce qui, aux yeux de bien des gens, pourtant scrupuleux et timorés, passerait inaperçu et serait sans portée;— l'honneur, cette chose si facile à sentir, si difficile à définir— l'honneur enfin, cette fleur de délicatesse qui est , dans l'ordre moral, ce qu'est la sainteté dans l'ordre religieux.

Eh bien ! cet *existimatio*, cet honneur, cette dignité, —prérogative, droit et *devoir* de la profession d'avocat, et le plus beau fleuron de sa couronne,—nous voudrions qu'en Algérie, de même qu'en France, il n'y fût porté nulle atteinte ! — Assurément, et moins que personne, nous ne saurions en douter, assurément, après cette profession, rien n'est honorable, rien n'est considéré parmi les auxiliaires de la défense judiciaire, comme le ministère des défenseurs. Mais toujours est-il que, grâce à des traditions séculaires parvenues jusqu'à nous dans leur intégrité primitive, on dirait qu'en France l'avocat est entouré d'une dignité et d'une estime supérieures à celles qu'on y accorde aux simples avoués, et même aux avoués-avocats ou défenseurs, — il semblerait que les avocats modernes y ont hérité, à cet égard, de l'*existi-matio* des *Patrons* de l'antiquité.

Or, en est-il ainsi parmi nous ?— Qui oserait l'affirmer?—On y a bien quelque pressentiment et même quelque avant-goût de ce qui existe en France ! Mais, pourquoi ne pas l'avouer ? à certains égards, on est encore bien loin d'en jouir , et on y est généralement convaincu qu'on ne l'aura qu'alors qu'on y sera doté d'un *Barreau* véritablement et pleinement *français*.

Ce n'est pas tout ?— Avec l'ordonnance de 1841, qui soumet les défenseurs à l'obligation de la taxe et de la quittance, nous disons qu'il n'y a pas d'avocats-défenseurs possibles en Algérie : il n'y a plus, il ne peut plus y avoir en réalité que des avoués ou procureurs.—A cet égard, nous regrettons de ne pouvoir que renvoyer nos lecteurs au *Dialogue des avocats*, cité plus haut, — charte perpétuelle et toujours observée des avocats de France.— Nous aimerions à en tracer tout au long l'historique, à montrer quelle était la juste, bien qu'en apparence excessive susceptibilité des Pères du barreau français.— Nous voudrions surtout faire voir, dans la longue chaîne de leurs successeurs pendant deux siècles, et surtout dans quelques uns de leurs écrits, parmi lesquels figure, en première ligne, le courageux *Commentaire* de l'ordonnance de 1822 par M. Daviel, alors avocat à Caen, cette suite non interrompue de traditions de noble fierté et de haute indépendance qui, aujourd'hui comme au XVIIe et XVIIIe siècles, du temps de d'Aguesseau, placent au rang des droits les plus sacrés et des devoirs les plus impérieux de l'avocat, l'exemption de toute obligation qui, de près ou de loin, — entraveraient son indépendance et sa dignité, ou blesseraient ces prérogatives de vertu et de confiance sur lesquelles repose le barreau tout entier.

Mais nos avocats, que sont-ils, à tout prendre? — Des avocats *marrons* (1). — . Pourquoi? — Parce que, si de l'avocat véritable, plusieurs d'entre eux ont la science et le talent, plusieurs d'entre eux aussi, en plus grand nombre peut-être, sont exposés à n'en avoir ni l'indépendance, ni la dignité. — Or, nous l'avons déjà dit, sans dignité et sans indépendance, pas d'avocat dans la vraie et valgaire acception de ce mot l— Des serfs d'avoués, des premiers clercs plaidants de défenseurs, des agents d'affaires *sui generis*, — bref, des avocats dégénérés, voilà tout !

Le Droit, avons-nous dit ailleurs, le Droit, c'est la Civilisation.— Cela est vrai pour tous les pays et surtout pour les colonies! Or, le droit, science essentiellement morale, et, comme toute science morale, certain dans ses principes, mais *livré*, quant à ses applications, *aux disputes* des *hommes*, — le droit, pour être senti, compris, pratiqué, a besoin de sortir de la sphère métaphysique des idées, pour descendre aussi avant que possible dans la région des faits.— Et que faut-il pour cela? — Une Magistrature éclairée, sans doute; mais il faut aussi un corps d'Avocats concourant avec elle au sacerdoce de la Justice, par de longues études et de sérieuses méditations ! Ayez un barreau tel que nous le demandons! — Que vos avocats, au lieu de végéter dans l'hybride et obscur bas-fonds des petites contestations et des petites affaires, — lot naturel de cette multitude de petits prati-

____

(1) Nous employons ce mot à défaut de tout autre qui puisse aussi clairement exprimer notre pensée. — Inutile d'ajouter que nous n'y attachons aucun sens odieux ou défavorable. — Les Romains auraient volontiers appelé nos avocats *advocati minores*.

ciens qui ne savent du droit que ce que personne n'en ignore, ou, plus exactement, que ce que tout le monde devrait en ignorer,—vivent habituellement dans la haute et sereine atmosphère des graves questions et des grandes causes!—Que, loin de se contenter de mesurer, à vol d'oiseau, les difficultés d'un litige, ils en sondent toutes les profondeurs!— Que là où se présentera une question de droit international , privé ou public (ce qui arrive fréquemment dans un pays comme le nôtre), ils aient le temps de l'examiner sous toutes les faces et d'en scruter toute la profondeur non seulement dans ses rapports avec les textes et l'esprit dé la loi, mais encore avec les besoins spéciaux de la colonie et l'avenir de la colonisation! — Que, de cette façon, certaines questions d'intérêts privés s'élèvent à la hauteur de questions d'intérêt public, et que les principes du droit se marient, s'il le faut, sur leurs lèvres, aux données de la science économique et sociale ! — Alors , mais alors seulement, vous pourrez vous vanter de posséder un *Barreau*, et non plus seulement une *Barre* (4). Alors, le prétoire de la Justice sera en même temps une école du progrès! Alors enfin, le droit, cette condition *sine quâ non* de l'ordre et de la liberté, deviendra un instrument de perfectionnement et de prospérité publique.

Alors aussi, si une cause grave, solennelle, une de ces causes que les Anciens décoraient si justement du titre de *Causæ majores*, vient à surgir devant un prétoire algérien, civil, correctionnel ou criminel,—on ne verra plus les parties ou les prévenus, céder, pour ainsi dire, instinc-

---

(1) Autrefois, on entendait principalement par ce mot la *Corpora- tion des Procureurs*. Celui de *Barreau* était presque exclusivement consacré à l'*Ordre des Avocats*.

tivement à ce que, bien à tort quelquefois, ils regardent comme une des nécessités de leur défense,—et par suite, appeler à leur aide le talent et le ministère d'un avocat métropolitain.— Certes, et Dieu sait avec quel bonheur et quelle sincérité nous affirmons ce fait, notre barreau ne manque, ni parmi nos avocats proprement dits, ni même parmi nos défenseurs, d'hommes à haute intelligence, profondément versés dans la science du jurisconsulte et dans l'art de parler en public, et capables sous tous les rapports, de livrer, avec leurs propres armes, ces paisibles batailles de la parole, dont on est témoin tous les jours dans les champs-clos de la justice française!— Pourquoi donc notre public justiciable, plutôt que de leur confier le sort d'un important procès, s'adresse-t-il de préférence à des membres d'un barreau de France ? — Ah ! c'est qu'il n'ignore pas qu'il est fécond en athlètes, d'autant plus redoutables qu'ils sont dressés de longue main à paraître dans la lice judiciaire pour y combattre, sur le terrain du droit, avec des adversaires dignes de soutenir leur choc et de parer leurs coups les plus habiles et les plus vigoureux. — Parlons sans figure ; c'est qu'ils savent que leur volonté et leur capacité de défendre un client, ne sont jamais trahies, jamais entravées, soit par manque de temps, soit par insuffisance d'études ;— c'est, en un mot, qu'ils ont pu comparer les avocats ou défenseurs d'Algérie en général, avec les avocats de la Métropole, et qu'entre nos gladiateurs judiciaires et ceux de la mère-patrie, ils ont facilement distingué ceux qui ne sont bons que pour des escarmouches, d'avec ceux qui, semblables aux

____

(1) Omnia malle quàm victi abire.— Jugurtha, cap. LXIX.

Cyrénéens, immortalisés par Salluste (1), aiment mieux mordre une sanglante poussière que de sortir vaincus du champ d'honneur.

Quoi qu'il en soit, il est certain que, dans le fait que nous signalons, il faudrait être aveugle pour ne pas voir une instinctive protestation de l'intérêt privé contre l'état anormal de notre barreau. — Mais cette protestation d'un ordre secondaire n'est-elle pas fortifiée et confirmée par une protestation d'un ordre supérieur, par une protestation d'intérê public ? Qu'on lise les plaidoyers de nos avocats des xvi, xvii° et xviii° siècles ! Est-ce que la philosophie du droit, est-ce que le droit public, l'éloquence, l'histoire, l'administration, ne leur doivent pas autant que leurs clients eux-mêmes ! A l'exemple des orateurs de l'antiquité, combien de fois n'élevèrent-ils pas à la hauteur de questions d'ordre public et général, des questions d'une importance minime et restreinte ! — Combien de fois aussi, directement ou indirectement, n'en dégagèrent-ils pas, en vrais habitants du *royaume des conséquences* (1), des vues, des considérations, des vœux et des requêtes qui, franchissant les étroites limites d'une enceinte judiciaire, parvinrent jusqu'aux pieds du trône et au sein de nos assemblées publiques pour y être transformés en ordonnances ou en lois ! Mais pour cela, que d'études, que de recherches, que de méditations, que de travaux ? Or, je vous le demande, vous sera-t-il permis de rien attendre de semblable d'avocats-avoués — ou d'avocats presque sans cause, tels que nous en avons forcément en Algérie ? — A ces hommes dont l'attention, si compréhensive soit-elle, est fatalement absorbée par les mille

(1) Loisel, *Loc. cit.*

détails de la procédure, et plus encore, par des difficultés si multiples du fond du droit, — à ces hommes que surchargent et accablent une multitude d'affaires réclamant, à différents titres, leurs efforts et leurs soins, — qui donnera le temps, qui fournira les moyens d'étudier profondément les questions que soulèvent l'intérêt de leurs clients et surtout de la chose publique? — Interpellez sur ce point nos défenseurs eux-mêmes! — Tous vous diront, avec une franchise qui les honore, que, quels que soient leur activité et leur zèle, et bien qu'ils s'efforcent de se multiplier, en quelque sorte, pour suffire aux devoirs de leur charge, leur bon vouloir va presque toujours se briser contre l'écueil inévitable d'impossibilités physiques et morales.

Et ce que nous disons des avocats *particuliers*, peut-être pourrions-nous à certains égards le dire des avocats *publics*. — Non que nous prétendions que les officiers de ministère public en Algérie soient, en aucune façon, audessous de leur tâche. Nous nous plaisans à constater que, depuis tout comme avant le décret du 31 décembre 1858, il s'est constamment élevé et maintenu à son niveau. — Mais nous voulons dire seulement que plus franche, plus savante, plus éloquente est la parole de l'avocat, — plus sérieux, plus noble, plus énergique est l'organe du ministère public. — Ajoutons : *plus fréquent*. D'après notre Code judiciaire, le ministère public n'est pas toujours tenu de prendre la parole : il le *peut* toujours, sans doute, mais il ne le *doit* que dans certaines circonstances que la loi a pris soin de déterminer. Or, j'en atteste les habitudes de France et même d'Algérie, il remplit souvent, en fait, un devoir que la loi ne lui impose pas. — Toutes les fois qu'il se discute devant lui un point de droit ou de morale, autour duquel gravitent des faits ou des considérations d'un ordre élevé, — toutes les fois surtout que la discussion revêt ces formes savantes et solennelles qu'un avocat distingué emploie avec autant d'art que de succès, — le ministère public sort du rôle passif de spectateur et de témoin. Chevalier du pur droit et de la pure justice, — il se lève, il parle, il *conclut*, et dans sa parole, toujours ferme, toujours impartiale, le juge puise presque toujours le plus sûr, sinon, le principal élément de sa décision. — Mais, de grâce, qui oserait lui reprocher de ne pas s'émouvoir des phases d'un combat sans vigueur ou sans danger? Qui lui imputerait à faute de ne pas se lancer dans la mêlée, là où les champions du litige croisent à peine leur fer d'une main languissante? N'est-ce pas assez que, dans ce cas malheu-sement trop commun, il indique d'un signe ou d'un mot, pour lequel des deux champions il se déclare *mainteneur*, —ou même qu'indifférent à l'issue de leurs faits et gestes, il s'en *rapporte* aveuglément à la *sagesse* de leur juge?

Comme on le pense bien, notre intention n'est pas de retracer ici, dans leurs rapports avec notre but, les An-nales complètes du Barreau algérien. — On nous tiendra compte, nous aimons à l'espérer, des motifs si faciles à comprendre, qui nous font dédaigner un argument de cette sorte.— Ne nous occupons donc que du présent, et demandons-nous sérieusement si, telle qu'elle est, la si-tuation de la barre (nous ne disons pas du barreau) de l'Algérie, répond aux légitimes aspirations, ou, mieux que cela, aux plus urgents besoins de notre colonie.

Nous croyons fermement que l'état actuel des choses blesse l'indépendance de l'avocat, froisse sa dignité et s'oppose au progrès, parmi nous, de la vraie science du droit.

Qui voyons-nous aujourd'hui dans le Barreau algérien? A part quelques hommes *(rara avis !)* à qui un talent exceptionnel ou qu'une vieille et laborieuse expérience de la barre ont créé, — Dieu sait à quel prix et après quelle attente !— une position, à peu de chose près, égale à celle de leurs confrères de France, — des *postulants* du défensorat plutôt que des avocats, et qui, jusqu'à la réalisation, quelquefois bien tardive, de leurs espérances, se jettent plus ou moins à corps perdu, dans un genre *innommé* d'occupations, je ne dis pas d'études qui, au lieu de contribuer en rien à leur avancement dans la science des affaires ou l'art de la parole, matérialisent leur intelligence, en arrêtent l'essor et leur infligent, à tort ou à raison, une *note* d'agent d'affaires. Faut-il tout dire? Nous connaissons tel avocat que ses confrères algériens eussent volontiers à son début salué d'un sincère

Tu Marcellus eris.....

et dont la trop rapide entrée dans le défensorat ou, par contre, la trop longue attente du titre de défenseur, ont comprimé ou découragé le talent, et qui, maintenant, végète tristement, dans un rang de beaucoup inférieur à celui que lui eût assuré l'exercice, *comme* en France, de la profession d'avocat.

Nous pourrions développer ces réflexions ; il nous suffirait de faire appel à nos souvenirs personnels. — Mais par ce que nous avons énoncé, qu'on juge du reste ! Non que nous voulions laisser planer n'importe quel discrédit ou quelle défaveur sur la tête d'hommes généralement honorables et honorés ! Nous ne nous en prenons pas *aux hommes*, mais *aux choses*, ou plutôt à la législation qui les a faites ce qu'elles sont, et qui a ainsi *enchaîné* la plupart de nos avocats, à une déplorable situation. — Eh bien! cette situation, à tant d'égards identique encore à celle d'un passé trop rapproché de notre époque, nous soutenons qu'elle est mauvaise, essentiellement mauvaise ; qu'elle ne saurait être plus longtemps tolérée, et qu'il est urgent d'y apporter un prompt et efficace remède.

Nous voulons un Barreau sérieux, et par suite des avocats sérieux. Mais, de grâce, sont-ce bien des avocats ces hommes qui, — porteurs d'un simple titre universitaire ou d'un simple certificat de prestation de serment qui leur donne le droit de s'intituler tels ,— viennent chercher sur nos bords, à l'ombre d'un vain titre, des affaires que, sur d'autres rivages, il leur eût été ordonné d'éviter ? — Sont-ils des avocats, ces hommes qui, contraints de manipuler par intérêt, de *brasser* indistinctement toute affaire venante— moins comme conseil que comme mandataire, moins à titre d'avocat qu'à titre d'intermédiaire, quand, toutefois, ce n'est pas à titre d'intéressé ou d'associé de l'une des parties? — Non, mille fois non, ce ne ne sont pas des avocats ! — L'avocat, pour nous, savez-vous ce que c'est? — C'est l'homme qui, en vue du bien public plutôt que de son intérêt privé, se voue, se consacre, s'immole tout entier au loyal, délicat, exclusif exercice d'une profession — pure comme la Justice, — noble comme la Vertu , — indépendante comme la Conscience—et dont l'accès est si difficile et les applications si vastes et si multiples que l'on comprend sans peine que le savant Camus crut pouvoir exiger de ses candidats , outre les études universi-

taires, au moins dix ans d'études préparatoires (*).—C'est
l'homme dont tous les jours doivent, pour parler comme
d'Aguesseau, « être marqués par des services rendus aux
citoyens et à la justice, » l'homme enfin— « dont les occupations doivent être un exercice continuel de droiture,
de probité, de justice et de religion. »

Mais s'il n'est avocat qu'en attendant de ne plus l'être,
s'il ne plaide que dans l'espoir de postuler et de plaider
en même temps, — s'il ne consent à être provisoirement
avocat que pour devenir définitivement défenseur, — si,
membre apparent d'un ordre indépendant et libre, il
brigue les priviléges d'une corporation dépendante et obligatoire, — si même, *proh pudor!* son titre d'avocat ne
sert qu'à dissimuler chez lui le parasitisme et les démar-
ches de l'agent d'affaires: — oh! alors, je dis que vous
vous n'aurez pas d'avocats dans le sens exact et rigou-
reux de ce mot! — Alors, adieu les hautes et profondes
études! —adieu la culture théorique du droit! — adieu
les travaux du jurisconsulte, les vues du publiciste, les
considérations du philosophe ! On dirigera uniquement
vers la pratique tous les efforts de son intelligence; on se
traînera terre à terre, on rampera misérablement sur le
terrain de la triture des affaires; on n'exercera plus une
profession, on fera du *métier !* — Et plus d'un avocat,
ainsi incorporé dans la compagnie des défenseurs, deviendra tout à la fois— un argument de plus en faveur de
l'établissement régulier d'un Barreau algérien, — et un
nouvel obstacle contre cet établissement. Ainsi s'explique peut-être, disons-le tout bas, l'apathie, l'in-
différence avec laquelle, jusqu'à ce jour, la question du

. (*) Voir la Note à la fin de ce travail.

barreau a été généralement envisagée tant par les défenseurs que par les avocats eux-mêmes. Et cela devait être !
Comment prendre à cœur de créer un Barreau dont où
croyait avoir ou dont on avait intérêt à empêcher la création? On ne veut pas ce que l'on craint !

Or, ce que nous demandons, nous, c'est ce que de-
mandent à l'envi l'intérêt de la Justice et des justiciables, l'intérêt de la Magistrature, l'intérêt de la civilisa-
tiou et de la colonisation ! Un avocat de plus, un avocat
vraiment digne de ce nom ! c'est une garantie du droit,
un élément de progrès judiciaire, un foyer d'intelligence, un principe de population et de prospérité publique
de plus ! — C'est , en un mot, un nouvel appui d'ordre, de liberté et de justice.

Et comment en douter? — Quelle est la chose la plus
nécessaire à toute société humaine, et principalement à
ces sociétés naissantes qu'on nomme Colonies? — La
Justice ! — Et, après la justice, la défense, la culture et
la pratique du droit ! « Le droit, a dit Lherminier, c'est
la vie,» la vie sous tous ses aspects, la vie publique comme la vie privée, la vie dans tous les temps, dans tous les
lieux, dans toutes les circonstances, la vie toujours ,
partout et pour tous !

Or, il est deux choses, suivant nous, corrélatives entre
elles ! — qui marchent ordinairement de pair, et qu'à bien
des égards il est permis d'assimiler à deux sœurs inves-
ties de missions différentes, il est vrai, mais animées du
même esprit, et par des voies diverses, tendant à la même
fin, — la Magistrature et le Barreau. — Ce sont deux
professions indépendantes dans la Métropole, — l'une par
les règles mêmes et les prérogatives de son organisation
publique et sociale, — l'autre par les traditions , par les

tendances et par l'atmosphère de son organisation privée et
domestique, — la première, par son inamovibilité, cette indépendance morale, — la seconde, par son indépendance
et sa liberté. — Toutes deux aussi concourent, pour leur
part respective, et dans des proportions différentes, à la
pratique du culte sacré de la Justice dont celle-ci est le
Prêtre, et celle-là, si j'ose le dire, l'*Acolyte*.

Mais il ne suffit pas de raconter ce qui a été, d'exposer
ce qui est et ce qui doit être. Notre tâche serait incom-
plète, si nous n'indiquions la voie à suivre pour passer
de l'exception à la règle, du présent à l'avenir.

Nous avons vu le mal; voyons maintenant le remède.

III.

Il en est un dont nous ne voulons pas, bien qu'il soit
le premier qui se présente à la pensée, parce qu'il est le
plus radical, le plus immédiat et le plus efficace. — Nous
le repoussons sans hésiter, car à nos yeux, il n'est ni
juste, ni équitable ! — Il existe des défenseurs : ces défenseurs ont compté, ou dû compter sur l'exercice de
leurs fonctions, leur vie durant, ou tout au moins pendant de longues années ! Il y a plus : parmi eux, il s'en
trouve plusieurs qui viennent à peine d'être pourvus de
leur *office*. — Dédoublez-les, dépossédez-les de leur droit
de plaidoirie, réduisez-les au seul privilége de la postulation ! — Privez-les brusquement, *sans compensation*,
d'un droit acquis ! — Vous renversez d'un seul
coup de légitimes espérances, vous brisez des intérêts,
vous détruisez des projets qui se recommandent à votre
équité et à votre justice !

Mais ces espérances, ces intérêts, ces projets, devrons-nous tellement en tenir compte que, plutôt que d'y toucher, nous préférions rester dans le *statu quo* que nous venons de signaler?

Non, certes! — Entre deux extrêmes, il est un milieu qui les rattache et les cimente ; et c'est ce milieu, ce tempérament, qui est tout à la fois de la prudence et de la justice, que nous nous proposons de rechercher.

Plusieurs moyens s'offrent à nous de modifier, dans une équitable mesure, les inconvénients résultant pour les défenseurs de l'adoption de nos idées.

Signalons les principaux.

Voici le plus timide de tous : — Ne pourrait-on pas désormais supprimer successivement, au fur et à mesure des *vacances*, les emplois actuellement existants de défenseurs,—au lieu de pourvoir au remplacement des emplois vacants?

Nous glissons sur ce premier moyen que nous trouvons impuissant, parce qu'il ajourne indéfiniment le mal, en ajournant indéfiniment le remède.

Autre moyen!— Conserver aux défenseurs le droit exclusif de plaider les incidents et les questions de procédure ! (nous ne parlons pas des affaires sommaires, telles, du moins, qu'on les entend en Algérie où toutes les affaires revêtent ce caractère.)

Dans ce système, et pour élargir le plus possible le cercle restreint de la plaidoirie des défenseurs, on pourrait encore leur accorder le privilége de plaider, comme questions de procédure, les questions de compétence.

Mais, outre qu'il n'amoindrirait peut-être pas assez les inconvénients de notre mesure, ce moyen ne nous paraît pas praticable. — Dans la plupart des cas, ne sera-t-il pas difficile, pour ne rien dire de plus, de distinguer ce qui est un incident de ce qui ne l'est pas, ce qui tient au fond de ce qui ne tient qu'à la forme ? — Et puis, pour quiconque à quelque pratique des affaires, quoi de plus subtil et de plus délicat que d'établir toujours une ligne de démarcation entre les questions de procédure et les questions de fond ? Que de questions de cette nature se confondent entre elles, ou ont besoin, pour être bien exposées et bien comprises, d'être liées ensemble, et, si je puis parler ainsi, être indivisiblement éclaircies les unes par les autres !

Adressons-nous donc à un troisième moyen ! — Si grand est notre désir d'accorder à nos défenseurs un juste dédommagement, qu'au risque de paraître novateur téméraire et paradoxal, nous nous évertuerons à signaler tous ceux, quelque extraordinaires qu'ils soient, qui peuvent aider à la solution de notre problème.

— Peut-être le temps, cette étoffe si élastique des choses humaines, y contribuerait-il pour une large part.

On dirait aux défenseurs : — Dans *tel délai*, à partir de ce jour, vous serez en Algérie ce que sont les avoués en France. Vous *procéderez*, vous postulerez, mais vous ne plaiderez pas, si ce n'est dans certains cas exceptionnels, prévus par la législation métropolitaine. — Que ceux d'entre vous qui, soit pour des raisons de santé, soit par besoin de repos, soit par goût, soit pour tout autre motif, préféreraient la procédure à la plaidoirie, prennent, dès à présent, telles dispositions qu'ils jugeront convenables ! — Que ceux, au contraire, qui opteront pour la plaidoirie, sans doute parce qu'ils la cultivent déjà avec succès, et qu'ils prévoient le jour où, grâce à l'affranchissement des mille détails de la procédure, ils pourront lui demander tout autant de profit qu'aujourd'hui, et un tout autre degré de réputation et de gloire, — que ceux-là se préparent, par des études spéciales, à l'avenir certain qui leur est destiné ! — Sûrs de conserver, en quittant les soucis de la postulation, les avantages d'une vieille et nombreuse clientèle d'avocats, ne gagneront-ils pas en talent et en renommée ce qu'ils auront perdu en fonctions et en titres ? Nous ne craignons pas d'affirmer que leurs intérêts personnels n'auront qu'à s'applaudir d'une réforme qui ne pourrait alarmer, (hypothèse chimérique !) que des défenseurs incapables de sortir de cette médiocrité forcée de talent où les retiendrait, à eur insu, leur double qualité d'avocats et d'avoués.

Fort bien ! Mais il y a mieux que cela ! — Et quoi donc ?

Quatrième moyen. — Que l'Algérie ait aussi sa loi de 1816 ! — Que les défenseurs, désormais simplement avoués comme les avoués de France, comme eux jouissent de la *vénalité* des charges !

Disons-le hautement ! Nous repoussons ce moyen ! — Nous ne voulons à aucun prix de cet *usage*, faut-il dire de cette loi ? que Loyseau (1) a si énergiquement combattu; — que Bacon stigmatisait de l'épithète d'*indigne;* — et qui, quoi qu'en ait pensé Montesquieu, n'est bon dans aucun gouvernement, quel qu'en soit d'ailleurs le principe ! Non plus que Platon (2), nous ne pouvons comprendre qu'on fasse quelqu'un matelot, pilote ou *procureur* pour son argent

Arrivons donc à un dernier moyen ! — A l'heure qu'il est, autre est le tarif civil de l'Algérie, autre est celui de

(1) *Traité des Offices.*
(2) *République.*

France,— et l'un est beaucoup moins élevé que l'autre. —Qu'on hausse le premier au niveau du second ! —Qu'on généralise ce qui n'existe encore qu'à l'état d'exception ! Cette élévation du tarif compensera, autant que possible, les pertes éprouvées, — si pertes il y a, — par nos défenseurs réduits aux fonctions de simples avoués.

Je ne sais si je m'abuse ; c'est là, suivant nous, la plus simple et la meilleure solution de notre problème.

Que si, ce que nous ne pensons pas, il était établi que la compensation que nous proposons, serait par trop insuffisante, dans ce cas, et par des considérations d'équité dont le bénéfice ne devrait pas s'étendre au-delà des défenseurs actuels, nous consentirions de grand cœur à ce qu'on élevât le tarif de leurs honoraires au-dessus du tarif de France (1).

Ici nous rencontrons une objection.

On dit : La justice sera plus coûteuse. Mais tout d'abord, qui dit cela ? Sont-ce les justiciables ? — Evidemment non !—Que leur importerait, à la rigueur, quelques francs de plus d'honoraires, en présence d'une plus grande célérité dans l'expédition des affaires, et d'une plus grande garantie de bonne justice? — Voyons cependant ce qu'il y a de vrai dans cette objection, ou plutôt dans cette allégation,—car ce n'est pas autre chose ! — le jour, nous dit-on, où, par l'effet d'une sorte de dédoublement, le défenseur, aujourd'hui avoué et avocat, ne sera plus qu'un avoué, on lui appliquerait le tarif de France et non plus celui d'Algérie.— Nous répondons qu'en droit

---

(1) Nous parlons du tarif applicable aux avoués du tribunal de la Seine et de la Cour de Paris.

la différence entre les deux tarifs est peu sensible, — Qu'en fait, elle est peu ou point remarquée, — et que dès lors un esprit sérieux ne saurait s'arrêter longtemps devant elle.

On nous dira encore : — Que nous parlez-vous tant de Barreau ? Le défenseur, étant tout à la fois avoué et avocat, qu'est-il besoin d'avoir recours séparément à un avoué d'un côté, et à un avocat de l'autre ?

A cette objection deux réponses ! — Il n'est pas sans intérêt pour la justice, pour la magistrature et pour les justiciables, que, dirigée et conduite au point de vue de la forme ou de la procédure, par un procureur ou avoué, et étudiée au point de vue du droit ou du fond par un avocat, une affaire ne touche à la barre judiciaire qu'alors que, pleinement instruite, elle peut y être pleinement débattue, — double avantage dont la réunion, dans beaucoup de circonstances, décidera du sort d'un procès.—Cet avantage, hâtens-nous de le proclamer, vous le rencontrerez parfois dans le zèle et l'activité du défenseur. Mais il n'est pas moins vrai que trop souvent vous n'aurez qu'à titre d'exception, avec un défenseur investi de la postulation et de la plaidoirie, ce que vous devriez obtenir toujours et en règle générale, avec un *seul* avoué chargé de la procédure, et un avocat *seul* charg de la plaidoirie. Tout le monde connait la *division* du travail, ce grand principe de l'industrie moderne. Nous l'appliquerions volontiers aux choses de l'intelligence. N'est-il pas constant que là où l'avocat n'a pas d'autre souci que celui d'exposer et de discuter un litige, il soigne davantage sa plaidoirie, il concentre plus longtemps son attention sur le point à résoudre, et se met ainsi en mesure de plaider avec plus de succès, parce, qu'il peut plaider avec plus de préparation ?

Pendant longtemps encore, et quelques efforts que l'on fasse pour arriver à réduire et à simplifier, autant que possible, les lois si multiples et si complexes de l'Algérie, notre législation présentera des lacunes et des difficultés qui, au grand détriment de nos colons, engendreront une multitude de procès, et les forceront d'invoquer les lumières de ceux que le Pouvoir et l'opinion publique désigneront comme capables de leur répondre avec l'avocat du Poète latin :

Jus anceps defendere possum.

Et qu'on n'objecte pas qu'il suffit d'ouvrir un de nos livres de jurisprudence et de doctrine pour s'assurer que les Codes de la Métropole surabondent de ces choses douteuses qui font naître, ce qu'un ancien qualifiait si bien de *nod osæ quæstiones !* — Cela est vrai, sans doute ! Mais ce qui ne l'est pas moins, c'est que nos lois algériennes, — mélange confus et indigeste e dispositions générales des Codes de la France et de prescriptions particulières à la colonie, — c'est, dis-je, que ces lois, un peu par leur nature, beaucoup peut-être par la faute de leurs rédacteurs, sont ou deviennent trop facilement une source de doutes, d'incertitudes et de contestations, et semblent, dans un trop grand nombre de cas, n'être qu'un appendice du Titre déjà si long *De rebus dubiis* de la Loi romaine (1).

Mais qui fera la lumière dans ce chaos? Qui interprétera la pensée du législateur?— La Justice ! — Evidem-

____

(1) Digest. xxxiv, l. v.

ment! car telle est sa haute et difficile mission! Mais avec la Justice, le Barreau, — aujourd'hui comme au temps de Juvénal, appelé à expliquer les énigmes juridiques et à délier les nœuds si compliqués de la loi.

Peut-être serait-ce ici le lieu de développer quelques arguments que nous nous sommes contenté d'indiquer, pour ne pas sortir des bornes d'une simple Esquisse.

C'est ainsi que nous pourrions insister longuement sur l'opportunité d'établir en Algérie un Barreau *comme* en France,—entr'autres raisons, parce que,—d'une part, les Codes de la France sont, en général, les Codes de l'Algérie, et d'autre part, — parce que le personnel de nos avocats, dès aujourd'hui assez nombreux pour suffire aux besoins de la plaidoirie, ne manquerait pas de le devenir, davantage le jour où nous aurions un Barreau proprement dit.

C'est ainsi qu'à ne considérer que le mouvement progressif de notre organisation judiciaire, il nous serait facile de prouver *in extenso* que l'*Emancipation* de Barreau algérien, en est la conséquence nécessaire.

C'est ainsi encore que nous pourrions démontrer sans peine par notre statistique judiciaire que, proportionnelle à l'accroissement des intérêts, l'augmentation du nombre des affaires litigieuses semble commander, dans notre Colonie, l'établissement du même Barreau que dans la Métropole.

C'est ainsi enfin que rien ne nous eût été plus aisé que de faire voir dans la création en Algérie d'un Ordre d'avocats, tels que les Avocats de France,— ayant à cœur de sauvegarder, avant tout, leur responsabilité intellectuelle et morale, — un puissant moyen de provoquer, dans bien des cas, la conciliation des parties, et, s'il en était besoin, de *moraliser* la procédure.

Mais à quoi bon ce luxe de démonstration, en quelque sorte, *externe* de notre thèse ? Ces arguments purement *subsidiaires*, — à Paris comme à Alger, personne ne les ignore.— Mais ce que tout le monde ne sait pas, tant à Alger que de l'autre côté de la Méditerrannée, c'est la convenance logique, l'utilité pratique et immédiate, la nécessité morale de l'institution sur le sol algérien d'un Barreau *véritablement* français.

Aussi nous sommes-nous *principalement* attaché à cette démonstration *interne*. C'était l'*omne punctum* de cette Étude.

Mais avant de finir, examinons s'il serait opportun d'étendre, dès à présent, à tous les tribunaux de l'Algérie, l'organisation que nous demandons pour la Cour et les tribunaux d'Alger.

Nous ne le pensons pas.

Et, à cet égard, nous regrettons de ne pouvoir partager en entier les idées de M. E. Robert (1). A l'en croire, la liberté du barreau peuplerait de colléges d'avocats toutes les barres de l'Algérie.— Qu'il en soit ainsi pour Alger, rien de plus vrai !— Mais si, pour des raisons connues de tous, un Collége d'avocats s'y est déjà formé et organisé; si, après bien des tâtonnements, et en dépit de bien des obstacles et de bien des embarras, — il est, il vit, il s'affirme, il se montre,

Et veros incessu patuit ;

(1) COURRIER DE PARIS, 15 juin 1860.— *De l'Ordre des Avocats en Algérie.*

— de bonne foi, en est-il, peut-il en être de même ailleurs qu'à Alger ? — Passe pour Oran, le second siège judiciaire de l'Algérie— où une situation analogue à celle d'Alger, a dû amener des conséquences analogues.— Et encore, si nos informations sont exactes, n'y a-t-il entre Alger et Oran, qu'une simple analogie.—Mais à Mostaganem, mais à Blidah, mais à Philippeville, mais à Bône et peut-être à Constantine, — de longtemps, soyez-en sûr, vous ne pourrez y établir, en face du corps des défenseurs, un barreau régulier et fortement organisé. Dans ces villes, de même que dans quelques sièges judiciaires de second ordre, en France, nous comprenons un Barreau *mixte*, nous allions dire *métis*, composé d'hommes tenant, comme nos défenseurs, de l'avoué et de l'avocat ; car enfin, il faut, avant tout, que les Auxiliaires de la justice puissent vivre convenablement et honorablement de leurs travaux.—La concurrence n'a pas de raison d'être, là où, fût-elle possible, elle ne serait pas avantageuse. — Que, pendant quelque temps encore, tant que la population des justiciables, et partant le nombre d'affaires de nos petits ressorts judiciaires, n'auront pas augmenté dans une proportion notable,—nécessitant un nouvel état de choses, plus en harmonie avec des besoins nouveaux,— que jusque là, les défenseurs près des tribunaux dont nous parlons, restent ce qu'ils sont, nous n'y trouverons rien à redire ! A des situations exceptionnelles, des institutions exceptionnelles !

A cet égard, nous nous en référerons bien volontirs à la sagesse du Gouvernement, si, comme nous le croyons, il prend pour base de ses appréciations, les données statistiques et autres, qui, près de certains tribunaux fran-

çais, ont réuni, dans les mêmes mains, la plaidoirie
et la procédure.

Et maintenant, terminons. Aussi bien, écrivait Montesquieu : Qui pourrait tout dire, sans un mortel ennui ?
Nous avons franchement, naïvement, raconté l'histoire, résumé les règles, et décrit la situation du Barreau algérien. Nous en avons dit les besoins, les vœux et
les espérances. — Nous avons fait plus encore !— Usant
d'un procédé consciencieux, — bien différent de l'habile
artifice qu'employa, dit-on, cet orateur d'Athènes (1)
qui, plaidant devant l'Aréopage pour une courtisane
fameuse (2), obtint un scandaleux succès, en arrachant
tout à coup le voile qui couvrait le sein de sa belle
cliente , — nous avons exposé aux yeux de ses juges
notre Barreau tout entier , tel qu'il est, et sous toutes
ses faces ; — nous n'avons rien tû, rien caché, rien dissimulé ! — Nous avons dit ses maux, montré ses plaies,
comme aussi, à côté de ses misères et de son servage
passés, indiqué les prémisses de son émancipation présente, et les germes, de jour en jour croissants, de sa
grandeur future. — A ceux qui président aux destinées
de notre colonie, de décider maintenant de son sort !.
Ils le peuvent en pleine *connaissance de cause.*

Un mot encore !

Il y a quelques jours à peine,—dans une solennité judiciaire, une voix des plus autorisées (3) a hautement pro-

(1) Hypérides.

(2) Phryné.

(3) Allocution de M. le Procureur-Général A. Guillemard, lors de

clamé que notre *juridiction* algérienne *dominait* l'Algérie tout entière du *double sommet* de la justice civile et de la justice criminelle.

Nous nous emparons de cette image.

Oui, dirons-nous à notre tour, sinon avec autant d'autorité, tout au moins avec autant de raison ; — oui, le Temple de la Justice algérienne est enfin dominé par le double faîte qui le couronne. en France, — une Première Présidence, et un Parquet de Procureur-général, organisés et fonctionnant *à peu près* comme dans la Métropole ! et le jour n'est sans doute pas éloigné, où ce Temple sacré qui, nous le constatons avec un noble orgueil, s'est jusqu'ici appuyé sur la seule conscience de magistrat, s'appuiera sur une autre base, son complément naturel, et qui est comme la conscience extérieure et publique d'un *prêtre* de la Justice (1), — l'inamovibilité

Mais est-ce assez pour lui qu'une double base et un double sommet? Ne lui faut-il pas quelque chose qui les rallie, les rattache, et tout en prenant son point d'appui sur l'une, soutienne l'autre, les embellisse et les orne tous deux ? — Un si grand et si bel édifice a besoin de

l'installation de M. le Conseiller de Thévenard. Déjà, dans l'audience solennelle du 3 janvier 1858, M. le Premier Président de Vaulx, parlant du décret du 18 décembre 1855, avait dit que ce décret qui créait un Premier Président et deux Présidents à la Cour d'Alger, avait rendu communes à la Magistrature algérienne les larges bases sur lesquelles reposent les corps judiciaires en France.

(1) C'est l'expression du jurisconsulte romain Ulpien avec lequel s'est rencontré, sans s'en douter, Voltaire, quand, critiquant l'opinion de Montesquieu sur la vénalité des charges dans une monarchie, il disait avec tant de raison : « La fonction *divine* de rendre justice, de disposer de la fortune et de la vie des hommes, *un métier* de famille ! » — Montesquieu avait approuvé la vénalité des offices dans un État monarchique, parce qu'elle fait faire comme un *métier de famille* — V. *Esprit des Lois*, Liv. v, chap. xix.

colonnes en harmonie avec son ensemble et ses diverses parties, et la principale, celle qui partout et toujours, dans l'Agora comme dans le Forum, se distingua entre toutes, et par l'éclat et la beauté de la forme, et par la solidité et la richesse de la matière, c'est le Barreau, — le Barreau sérieux, indépendant, instruit, éloquent, — le véritable Barreau, tel que depuis plusieurs siècles le possède la France.

Or, ce Barreau, nous l'avons prouvé, l'Algérie ne l'a pas encore, ou plutôt ne l'a pas *assez*; mais elle est digne de l'avoir, — et rien, si ce n'est des intérêts privés qui *doivent* et *peuvent*, sans injustice, s'éclipser devant l'intérêt général et les nécessités d'un progrès judiciaire, impossible sans lui, — rien ne s'oppose à ce qu'elle l'ait à l'avenir.

Mais, quand l'aura-t-elle ? — Il ne nous appartient pas de rien prédire à cet égard. Toutefois, si les enseignements de l'histoire, si les leçons de l'expérience, si les pressentiments de la raison et les inductions de la logique, si enfin les besoins du moment sont de quelque secours pour prévoir l'avenir, nous ne craignons pas d'affirmer que ce Barreau *français* auquel elle aspire, elle *peut*, elle doit même l'obtenir...... *dès à présent!*

Note de la page 33.

(1) A la suite de son remarquable ouvrage, intitulé : *Pascalis, ou Etude sur la fin de la Constitution provençale*, notre compatriote et ami Charles de Ribbes, avocat à la Cour impériale d'Aix, cite l'extrait suivant d'une notice sur le président Cappeau par M. de Gabrielli, conseiller près la même Cour.

L'auteur de cette Notice, après avoir raconté que M. Cappeau fût initié par Pascalis, avocat au Parlement de Provence « à ce qu'on pouvait appeler, alors mieux qu'aujourd'hui les arcanes de la science » ajoute :

« Sous un pareil guide, l'élève ne pouvait manquer de marcher dans la carrière, d'un pas, nous ne disons pas rapide (nos pères voulaient mieux que cela), mais ferme et continu. — Mon ami, lui dit Pascalis, en l'introduisant pour la première fois dans son cabinet et en lui montrant sa volumineuse bibliothèque, voilà ce qu'il faut te mettre dans la tête avant de plaider. — Et, sur ce que le jeune homme répondit qu'il était prêt, en effet, à lire tous ces volumes. — « Lire ! s'écria son patron, tu peux compter que je ne te laisserai pas dire une syllabe en public, sans que tu ne les aies tous annotés jusqu'au dernier ! » Et il lui tint parole.

Vers la même époque, Portalis l'Ancien, convaincu, comme tous les bons et laborieux esprits, que lire ne suffit pas pour *savoir*, écrivait dans son excellent livre de *l'usage et de l'abus de l'esprit philosophique* : « Le plus grand mal qu'ont pu faire les dictionnaires est dans l'habitude qu'ils ont fait contracter au gros des hommes de ne plus rien *apprendre*. Ils ont décrié l'érudition, en persuadant qu'on n'en avait plus besoin. »

Portalis disait cela en 1795. — Que n'eût-il pas dit en 1860 *O tempora ! O mores !* que nous sommes loin du temps où nos avocats pensaient avec un Ancien, que *etiam quod scire surpervacuum est, id prodest cognoscere* !